Zähl bis zehn

Eine ganz alleine
Ist fast keine
Einer noch dabei
Und schon sind´s zwei
Bis drei gezählt
Richtig gewählt?
Nun kommt vier
Immer noch hier?
Fünf oben drauf
Fertig...Los...Lauf!
Sechs auch im Text
Wunderbar verhext
Dann bei sieben
Dabei geblieben
Hier kommt acht
Weiter mit Bedacht
Neun ist jetzt dran
Nichts muss, alles kann
Zehn ist viel
Start ist Ziel!

Von Kopf bis Fuß

Schließ die Augen
Und du siehst mich
Sei ganz still
Und du hörst mich
Streck die Hand aus
Und du fühlst mich
Dann schließ ich meine Augen
Und
Es kribbelt von Kopf bis Fuß

Fragen

Wie laut ist ohrenbetäubend?
Wie leise ist zu still?
Wie stark ist gewaltig?
Wie schwach ist kraftlos?
Wie leicht ist schwerelos?
Wie oft ist immerzu?
Wie selten niemals?
Wie hell ist gleißend?
Wie dunkel ist zu schwarz?
Wie lang ist endlos?
Wie kurz ist augenblicklich?
Wie weit ist fernab?
Wie nah ist zu dicht?

Vielleicht unmöglich

Vielleicht völlig planlos
Unmöglich ohne Plan
Vielleicht verrannt, verliebt
Unmöglich gefühllos
Vielleicht wahr, vertraut
Unmöglich nur Lügen
Vielleicht morgen Zukunft
Unmöglich heute Geschichte
Vielleicht ein Stück Paradies
Unmöglich ohne Höllenfahrt
Vielleicht ein Strohfeuer
Unmöglich ohne Zündfunken

In vielleicht steckt leicht
In unmöglich steckt möglich
--- leicht möglich ---

Lass mich nicht raus

Nimm etwas von meiner Hoffnung
Geh mit mir durch deinen Tag
Zähl mit mir die Sterne am Abend
Halt mich dicht bei dir im Tanz
Hör auf den Rhythmus unsrer Herzen
Versteck mich bei dir in der Nacht
Lass mich rein in deinen Traum
Lass mich nicht raus aus diesem Kuss!

Darauf mein Wort

Erzähl mir deine Wahrheit, deine Lügen
Lass und einfach alles überfliegen
Stell meine ganze Welt auf den Kopf
Drück fest auf den richtigen Knopf

Verzaubere mich mit tiefen Blicken
Die Zeit steht still, die Uhren ticken
Als wär sonst nichts und niemand dort
Nur du und ich! Darauf mein Wort!

Einerlei

Geist
bist du mein?
Bist du sein?
Geist
Bist du unser?
Oder zweierlei
Gespenster?
Egal, einerlei!

Neben dir

Habe ich Angst, machst du mir Mut
Bin ich traurig, finde ich bei dir Trost
Fühl ich mich beengt, gibst du mir Raum
Wenn ich falle, fängst du mich auf
Ist mir kalt, wärmst du mich
Sprech ich noch so leise, du hörst es
Ich deute nur an, du verstehst
Ich schau dich an und du siehst mich
Neben dir bin ich glücklich

Der Tag ist auch gelaufen

Es ist schon spät
Habe heute nichts
Von dir gehört

Mitternacht – neuer Tag
Vielleicht heute?
Ich habe mir Glück
Bei Gott bestellt und
Hoffe bis dahin, dass
Mir die Hoffnung
Nicht ausgeht.

Du meldest dich nicht.
Aber du denkst doch
An mich? Oft?

Wenigstens manchmal?

Sternengleich

Du siehst mit deinen Augen
Du hörst mit deinen Ohren
Du begreifst mit deinem Verstand
Du verstehst mit deinem Herzen
Und
Durch deine Worte erstrahlst du
Sternengleich

Ich steh still

Ich bin ganz ruhig, ganz still
Ich bin ganz zufrieden hier
Ich steh still

Zwischen zufrieden und glücklich
Liegt eine lange Strecke Sehnsucht
Aber ich steh still

Wenn ich glücklich werden will
Muss ich mich unbedingt von hier
Fortbewegen

Die Wölfin

Jeden Tag kraftvoll, aber leise
Zieht sie im Revier ihre Kreise
Für das Rudel stets Mitgefühl
Immer die Übersicht mit Kalkül
Auf die Nase kann sie sich verlassen
Hilft dabei jede Beute zu fassen
Ihre feurigen Augen schauen klug
Und ihr Herz ist groß genug
Liebe zu nehmen und zu geben
Erfüllt sie ihre Welt mit Leben
Findest du im Dickicht ihre Spur
Bist du Wolf? So folge ihr nur!

Frühlingsgefühle

Ist schon so lange her,
dass ich ihn sah
Ist schon so eine lange Zeit
Eine ganz andere Welt

Wenn er endlich kommt,
werde ich bereit sein
Wenn er endlich kommt,
vergesse ich den anderen

Wann kommt er denn endlich?
--- DER FRÜHLING ---
Ich hab´ den Winter so satt!

Vielleicht schreibe ich morgen ein Buch

Mit schwarzer Tinte auf weißem Papier
Schreibe ich wieder und wieder
Meine viel zu schnellen Gedanken nieder
Schon ein Haufen zerknüllter Blätter hier

War nur ein abendfüllender Versuch
Ich gebe es jetzt endgültig auf
Bin heute nicht gut genug drauf
Vielleicht schreibe ich morgen ein Buch

Satellit

Sei mein Satellit für heute
Meine Hand in deiner Hand
Schritt für Schritt für Schritt
Begleite mich, ich begleite dich
Miteinander, zusammen
Nebeneinander, beisammen
Hier und gleichzeitig da

Freier Fall

Falle von ganz oben
In tiefe Abgründe
Verliere den Verstand
Verbrenne innerlich
Kämpfe gegen Wölfe
Verliere die Geduld mit Gott

Rollendes Rad

Man sagt,
ein rollendes Rad kann nicht umfallen,
denn erst bei Stillstand kippt es.

So halten wir uns am Laufen und
Bei Stillstand aneinander fest.

Dann haben wir beide Halt
Und fallen nicht hin – höchstens
Übereinander her!

Lug und Trug

Will dich sehen
Mit dir gehen
Hand in Hand
Dicht bei einand`

Dein schöner Mund
Tut Süßes kund
Ich hör`s gern
Doch ist`s fern

Ehrlich oder Lug?
Wahr oder Trug?

Schreib!

Schreib Schönes und Schlimmes
Schreib Ernstes und Komisches
Schreib Leises und Lautes
Schreib Graues und Buntes
Schreib immer mit Herz!

Nur im Geiste

Nimm dir Zeit
Denk drüber nach
Zweifle daran, aber
Es ist in deinem Herzen
Und in deinem Kopf
Es arbeitet erfolglos
Du hast die Chance
Nicht ergriffen
Nun schau zur Uhr
Die Zeit verrinnt
Wie Wasser
Nur ein Liebender im Geiste
Nicht im Leben
Wenn das dein Weg ist
Dann geh ihn!

Not for life

Take the time
Think a lot
Doubt about it but
It´s in your heart
And in your head
Not working successful
You didn´t take
The chance
But look at the clock
Time drops out
Like water
Just a lover in mind
Not in life
If that´s your path
Than take it!

Meer ist mehr

Leichte Brise, seichte Wellen
Sonne, Wärme
Sand, Steine, Muscheln
Boote, Schiffe, Bojen
Schaumkronen
Himmel oben, Himmel vorne
Sonst soweit weites Meer
Bis zum Horizont
Augen zu
Fühl den Sand
Hör die Wellen
Schmeck die Salzluft
Denk nichts!
Seele baumeln lassen

Meer ist mehr!

Schleich dich

Wenn du dich unbemerkt
Herein geschlichen hast,
um schwierige Umstände zu bewirken,
um verzweifelte Panik zu verursachen,
um Nachhilfe beim Ertrinken zu geben,
wäre es dann zu viel verlangt,
wenn du dich wieder
unbemerkt heraus schleichst?

Song Of Faith And Love

If I´ve just one reason to base
The plans for the future
Seconds later I´ve one more case
In my wooden head
To erase those plans without trace

Feelin´ like an injured bleedin´ being
Suckin´ my wounds daily
And go on courage hearted creepin´
Through this fuckin´ jungle
Of sorrow, pain and endless weep

It´s time to keep my strength and fight
For me and people in my heart
Pretty powerful to a brighter light
Step by step straight ahead
With faith and love to the other side

Kreislauf

Der Tag beginnt, die Nacht ist vorbei
Ich lass die nächtlichen Träume frei
Frühstücke nebenbei im Stehen
Blick zur Uhr, ich muss gehen
Die Beine laufen, die Hände tun
Keine Zeit, um sich auszuruhen
Wichtiges nach und nach getan
Gut so, es läuft alles nach Plan
Drehe all meine Pflichtrunden
Geschäftig vergehen die Stunden
Verstand gefüttert bis zum Rand
So gehen all die Tage ins Land
Jeder Tag hat seine volle Pracht
Wenn die Sonne geht, der Mond erwacht
Hell und still leuchtet er hernieder
Die schönen Träume kommen wieder
Nach des langen Tages weiter Reise
Schleichen sie des nachts sich leise
Mich aufzutanken in der Nacht
In mein leeres Herz mit aller Macht
Mir geheimnisvoll die Kraft zu geben
Den nächsten Tag auch zu überleben!

Höllenfahrt

Eine Stille hier, sie schreit mich an
Ich schrei zurück, so laut ich kann
Schon ist es soweit, mal wieder
Von oben herunter, ganz hernieder
Abwärts, so schnell wie Blitze
Direkt hinein in die Höllenhitze
Quer durch den Höllenschlund
Völlig abgebrannt, kein fester Grund

Am Ende dann auf allen Vieren
Es gibt nichts mehr zu verlieren

Und dann mit allerletzter Kraft erhoben
Barfuß über Scherben wieder nach oben

Dummheiten auf der dunklen Seite des Mondes

Treff mich bitte heute Nacht um drei
Auf der dunklen Seite des Mondes
Dort sind wir ungestört, wir zwei
Niemand wird sich das jemals trauen
Wenn man uns dann vermisst
Hinterm Mond mal nachzuschauen
Da haben wir dann von der Welt alle Zeit
Viele schöne Dummheiten zu machen
Und komm bitte allein, das wär gescheit

Koma – Grau in Grau

Er schaute sich ungläubig um. Alles grau. Boden grau, Wände grau, oben grau ohne Ende, unten grau, alles grau. Nicht dunkelgrau, nicht hellgrau – eher wie die Farbe eines mittelweichen Bleistiftes – ja bleistiftgrau. Er schaute an sich herunter. Graue Hose, graue Schuhe, graues Hemd, graue Jacke, sogar die Haut seiner Hände wirkte grau. Er stand in einem langen Gang, nach vorn kein Ende zu sehen. Er drehte sich um, auch in die andere Richtung kein Ende. Er fragte sich, wie er hierhergekommen war und in welche Richtung er nun gehen sollte. Er rief: „Hallo?" Das hörte sich auch grau an. Nicht laut, nicht leise. Und nochmal: „Hallo?" Es war als würde sein Hallo von den grauen Wänden nach wenigen Metern einfach verschluckt. Schließlich ging er los. Der lange Gang war vielleicht einen Meter fünfzig breit und die Wände waren…ja, wie hoch? Sie hatten nach oben kein Ende. Was war das hier? Ein Gebäude? Ein Tunnel? Wie weit war er jetzt schon gegangen? Hier sah es genauso aus, wie an der Stelle, an der er gestartet war. Seine Schritte waren lautlos, wie auf grauem Filz; doch der Grund war hart, nicht weich. Er trottete gleichmäßig voran.
Plötzlich stand er auf einem Platz, von dem fünf dieser grauen Gänge abgingen. Er drehte sich im Kreis, schaute in jeden dieser Gänge, sie glichen sich und schienen alle endlos zu sein. Er konnte sich nicht entscheiden in einen hinein zu gehen.
Er drehte sich noch einmal und rief in jeden

Gang ein „Hallo?" Keine Antwort. Er schloss die Augen, drehte sich mehrmals um die eigene Achse, machte die Augen auf und wollte in den Gang, der nun vor ihm lag. Nach nur einem Schritt stoppte er. Was, wenn das derselbe Weg war, auf dem er gekommen war? „Verdammt! Blöde Idee, die Augen zu zumachen!" entfuhr es ihm. Er setzte sich auf den Boden und kreuzte die Beine in den Schneidersitz. Er wollte hier einfach sitzen bleiben. Irgendwann musste doch mal jemand vorbei kommen. Er ließ den Kopf hängen, schaute auf seine Hände und wartete.
Es war so still, völlig lautlos.
Musik? War da Musik? Er stand auf und horchte. Tatsächlich! Aus dem Gang direkt vor ihm kam leise Musik. Irgendwas Klassisches. Geigen. Vivaldi oder Bach. Nicht, dass er eine Ahnung von Klassik hatte; er stand auf Popmusik .Er ging los, in die Richtung, aus der die Musik kam. Er nickte, ja das war Klassik mit vielen Streichern.
Die Musik wurde lauter. Der graue Gang verdunkelte sich. Es wurde schwarz. Er sah rein gar nichts. Er breitete seine Arme aus, um nicht an die Wände zu stoßen. Die Musik wurde immer lauter, klang nun nicht mehr melodisch, eher schrill. Es schien als würden die Instrumente gestimmt; ein furchtbares Durcheinander von Tönen. Und scheiße, war das dunkel! Er bekam Atemnot, keuchte und kam kaum voran .Das waren die hässlichsten Töne, die er je gehört hatte. Da ergriff eine Hand sanft und warm seine Hand und zog ihn langsam, aber bestimmt zurück. „Hey, was soll das?" Die Musik

wurde leiser, es wurde wieder heller und er konnte die Frau sehen, die seine Hand fest hielt, ihn anlachte und sagte: „Du darfst nicht auf die anderen hören. Du musst deinen eigenen Weg gehen, hörst du?" „Wie komme ich hier wieder raus?" fragte er. Sie lachte fröhlich und wiederholte: Du musst immer deinen eigenen Weg gehen. Du musst dich entscheiden und hör auf keinen Fall auf die anderen, hörst du?"

Er war wieder auf dem Platz mit den fünf Gängen angekommen. Er atmete tief durch und schaute sich um. Die Frau, mit dem fröhlichen Lachen, war verschwunden. Hatte er sich das eingebildet oder geträumt? Er war allein im stillen und einheitlichen Grau. Er entschied sich für den linken Gang und marschierte los. Wohin war sie gegangen? Wieso hatte sie seine Hand nicht weiter fest gehalten und ihn mitgenommen?

Nach einer Weile knickte der Gang nach rechts ab und gabelte sich hinter dieser Ecke dreimal auf. „Na, toll! Wohin jetzt?" Er schüttelte ratlos den Kopf. Er war erschöpft und setzte sich wieder in den Schneidersitz auf den Boden, um zu warten. Entweder, dass jemand vorbei käme oder ihm einfiele welchen Weg er nehmen wollte. Warum war das so schwer sich zu entscheiden? Ein Weg sah aus. Wie der andere; dann war es doch egal welchen er nahm, oder doch nicht? Er wartete und rührte sich nicht. Weinte da ein Kind? Er stand auf. Aus dem Gang links von ihm, kam das leise Weinen eines Mädchens. Er ging ohne zu zögern dem Weinen nach. Nach wenigen Schritten wurde das Schluchzen lauter. Der graue Gang verdunkelte sich zu vollkommen schwarz. Er breitete wieder seine Arme aus und tastete an den Wänden entlang. Er bekam kaum Luft und Schmerzen in der Brust. Was zur Hölle…? Das Weinen wurde hysterisch laut und klang auf einmal nicht mehr nach Weinen, sondern wie das höhnische, glucksende Lachen eines alten Greises. Er bekam Todesangst, reine Panik stieg in ihm auf; doch stehen bleiben oder umkehren konnte er nicht. Da ergriff abermals die warme vertraute Hand nach der seinen und zog ihn wieder rückwärts aus der beklemmenden Finsternis heraus. Als es heller, grauer und leiser wurde, hörte er sie lachen und sagen: „Du musst dir das unbedingt abgewöhnen auf die anderen zu hören. Das ist nicht gut für dich! Du musst deinen eigenen Weg gehen. Du musst dich entscheiden, hörst du?". Sie waren zurück an der Weggabelung und sie verschwand. Sein Atem war noch ein Hecheln, sein Herz pochte wild. Er nickte benommen und entschied sich für den rechten grauen Gang. Nach kurzer Zeit normalisierten sich Puls und Atmung. „Okay", sagte er sich, „ich hab´s kapiert: Nicht auf die anderen hören, den eigenen Weg gehen, okay." Er schritt weiter voran.

Nach einer Linkskurve gabelte sich dieser Gang in zwei weitere graue Gänge auf, die sich, wie ein Ei dem anderen, ähnelten. Okay, okay, dachte er, ich muss mich entscheiden welchen Weg ich weiter gehen will. Er nickte sich selbst zu und horchte. Aus dem Gang rechts hörte er Stimmengewirr und Musik. Das hörte sich nach einer Party an. Er überlegte kurz und schüttelte dann energisch den Kopf. Nein, nach feiern war ihm nicht zumute. Er wandte sich entschieden nach links und schritt diesen stillen, endlosen, einheitlich grauen Gang entlang. Immer geradeaus, Schritt für Schritt. Wie lange war er schon gelaufen? Kein Ende in Sicht. Keine Ecke, keine Gabelung, keine Entscheidungen. Immer weiter endlos geradeaus in diesem Grau in Grau. Unerwartet wurde es hell, er blinzelte. Es wurde warm als schiene die Sonne auf ihn herab. Alle Farben waren da, alle außer grau. Er fühlte die warme vertraute Hand in seiner. Er schaute auf und sie sagte lächelnd zu ihm: „Hallo, da bist du ja wieder. Ich hab dich so sehr vermisst."

Goethes Schuld

Schon meine Oma sagte in ihrer Küche
Als ich eine Gör war
Oft und viele seiner klugen Sprüche

Später dann, ich konnt´ schon alles lesen
Nahm ich es dann gewahr
Jener Spruch ist vom alten Goethe gewesen

Für das Leben, seine Pannen und die große Liebe
Goethe war für alles klug
Die Leute klauten Goethe für sich wie Diebe

Seine Weisheit hat mich stets begleitet
Davon krieg´ ich nie genug
Goethe ist in der ganzen Welt verbreitet
Der gute Goethe war für mich schon immer Kult
Alles was ich mit Herzblut tue
Ist alles nur Johann Wolfgang von Goethes
Schuld

Schritt für Schritt

Immer leise mitgegangen und mitgefangen
Im Kopf einzig Sehnsucht und Verlangen
Im Raum die Frage: Was ist falsch, was richtig?
Und was ist groß, was null und nichtig?
Blinde Augen, offener Mund, ein stummer Schrei
Hirn total verwirrt und Herz so schwer wie Blei
Verlasse voller Bang und Angst die leeren Räume
Frische helle Farben für die neuen großen Träume
Start genau bei Null, in perfekter Stille und Ruhe
Freier Kopf, neue Kleidung und Lauflernschuhe
Tränen getrocknet, sing ich ein Lied, so laut ich kann
Die Regeln verbiegen, im Regen tanzen und dann…
Schritt für Schritt, Stein für Stein, Stück für Stück
Auf der langen Strecke Sehnsucht nach Glück
Schritt für Schritt die Welt auf´s neue erkunden
Und die Last der grauen Dunkelheit überwunden

Traum

Nachts ist ein Traum in meinem Kopf
Der sich durch nichts vertreiben lässt
Nicht von
Den Ohrfeigen der Logik
Nicht von
den Fußtritten der Vernunft
Nicht von
den Messerstichen der Realität
Nicht von
der Angst im Nacken

Träumt sich hartnäckig und trotzig
mutig und stark
voran in den hellen Tag
und wird einfach wahr

Na komm schon – lass los!

Na komm schon, ja, komm schon und versuch
Dein Bestes mich hart zu treffen, schließ das Buch
Schöne Lügen, ich hab´ den Braten nicht gerochen
Deine süßen Worte haben meinen Stolz gebrochen
Mein Herz ist kalt und klein, die Welt in Trümmern
Dreh dich um, das muss dich nicht mehr kümmern
Vorgestern noch Sonnenschein und Himmelblau
Der Mond bringt heut ins Nachtschwarz etwas Grau
Weißt du eigentlich, was du mich mal kannst?
Ich bin stark, viel, viel stärker als du ahnst!
Die Kraft meiner Seele ist so unendlich groß!
Ich bin unzerbrechlich! Geh weg und lass los!

Klarheit

Leere Räume – zu leer
War allein, verloren hier
Die Tür stand auf, weit
War zum Gehen bereit
Die ganze Welt wartete da
Das Leben war hautnah
Grenzenlos hell und licht
Menschen dicht an dicht
Enge und Angst überwunden
Eine neue gute Seele gefunden
Mit Worten voller Wahrheit
Tiefe Blicke voll Klarheit

Holz – Stein – Glas

Mancher ist aus Holz
Zart und biegsam wie die Birke
Knorrig und verschroben wie eine Eiche
Groß und stark wie eine hohe Buche
Oder edel und kostbar wie Mahagoni

Mancher ist aus Stein
Brüchig und vergänglich wie Sandstein
Vielschichtig wie der graue Schiefer
Schwer und robust wie Granitgestein
Oder so schön und wertvoll wie Marmor

Ich glaub´ ich bin aus Glas
Heiß und kalt stets beständig
Einfach und dennoch edel
Zuweilen farblos, auch kunterbunt
Ebenso hart wie zerbrechlich

Liebe

Lässt mich sehen, erkennen
Lässt mich hören, verstehen
Ist ohrenbetäubend laut
Und flüsternd leise

Lehrt mich Furcht
Macht mich mutig
Ist mächtig und groß
Klein und zerbrechlich

Lässt mich lachen
Und auch weinen
Ist nicht nur gut
Ist nicht böse

Macht mir Gänsehaut
Wärmt mein Herz
Ist kalt und eisig
Oder brennend heiß

Führt mich an Abgründe
Und gibt mir Flügel
Ist scheinbar sinnlos
Gibt meinem Leben Sinn

Liebe
Stark wie ein alter Baum
Tief verwurzelt in meiner Seele

Was weiß ich denn schon

Was weißt du schon über mich?
Du hast mich eben erst entdeckt, gesehen
Was wird morgen wohl alles geschehen?
Dreimal getroffen, insgesamt nicht mal zwei Tage
Alles intensiv real, alles transparent, nur vage
Was weißt du denn schon?

Was weiß ich denn schon über dich?
Flüchtige Momente der Wahrheit, kurz nur
Im Nacken, die ständig tickende Uhr
Können meine Blicke, Stimme, Lachen verzaubern?
Treff ich dein Schwarzes oder lässt es dich zaudern?
Was weiß ich denn schon?

Was wissen wir denn schon über uns?
Zwischen diesen Zeiten als wir uns trafen
Lässt Zweifel und Angst uns nicht schlafen
Spazieren gehen, reden, lachen, Kino und Essen
Bleiben wir in Erinnerung? Können wir uns vergessen?
Was wissen wir denn schon?

Zwischen

Da ist eine kurze kleine
Zwischenzeit
Was ich damit meine
Ist die Zeit
Für´s ganz genaue Hinsehen
Erkennen
Und für´s Hand-in-Hand-Gehen
Und weit voraus im Dunkeln
Fast unsichtbar
Ein feines kleines Funkeln
Feurig
Jeden Tag mehr sonnenklar
Intensiver
Heller und unübersehbar
Worte, Lärm und alle Klänge
Sind Zwischentöne
Die und im dichtesten Gedränge
Erzählen
Welches Lied das einzig wichtige
Zur Harmonie
Nur ein Weg der wirklich richtige
Da gibt es einen kleinen
Zwischenraum
Zwischen deinem und meinem
Herzen
Der lässt sich überbrücken
Zwischendurch
Durch`s näher aneinander rücken

Damals/Heute

Damals
Tränen
Der Regen der Seele
Striche
Auf dem Papier
Mit Phantasie werden es Worte
Briefe
Mit leeren Worten
Für den Papierkorb
Blicke
Treffen mich nicht
Schweigen
Versteckt meine Gedanken

Heute
Freude
Es ist mein Lachen
Licht
Durchleuchtet mich
Augen
Die einander sehen
Worte
Hören und verstehen
Musik
Das Leben erklingt
Liebe
Kommt immer näher
Zwei Herzen
Im Takt vereint
So manche Beziehung

So manche Beziehung

Ist wie ein großer Kombi
So ein Kombi bringt einen
Mal ganz sicher, komfortabel
Und bequem von A nach B
Jede Menge Platz für allerlei Gepäck
Unaufgeregt gleitet der Kombi
Durch die Landschaften des Lebens
Großräumig und voll klimatisiert

So manch eine Beziehung
Gleicht einem schnittigen Sportwagen
So ein Sportwagen bringt einen
An die allerschönsten Orte
Mit Kraft und Leidenschaft
Das Herz lacht, das Blut pulsiert
Bei schönstem Wetter, mit offenem Dach
In wilder Fahrt nach irgendwohin
Lachend über das pure Glück

Schluss?

„Nein! Damit bin ich nicht einverstanden! Was glaubst du, wer du bist? Gott? Oder woher nimmst du die gottverdammte Arroganz zu glauben, Probleme, die du nicht lösen kannst, sind auch nicht lösbar?! Ich bin damit nicht einverstanden! Glaubst du denn, das ist alles nur in deinem Kopf? Ja, das ist es auch. Und es ist auch alles in meinem Kopf; in unseren beiden Köpfen läuft genau derselbe Film. Du spielst hier also nicht alleine mit, und du führst schon gar nicht allein Regie. Ich bin nicht damit einverstanden, an dieser Stelle aufzugeben!" Sie funkelte ihn an und fuhr fort: „Du hast mein Herz! Nicht etwa, weil ich glaube, dich gut zu kennen oder dir vertrauen zu können. Du hast mein Herz, weil ich MICH sehr gut kenne, weil ich MIR vertraue und mich damit etwas trauen kann. Ich sage nicht, dass ich keine Angst hätte, aber ich habe etwas im Übermaß – und das ist Mut. Ich bin mutig, wie eine scheiß Wölfin! Nein! Damit bin ich nicht einverstanden, uns an dieser Stelle aufzugeben!" Sie schüttelte energisch ihren Kopf, machte eine Handbewegung, die „Basta "bedeutete, dann drehte sie sich um und ging mit entschlossenen Schritten zu ihrem Auto zurück. Sie schaute sich nicht noch einmal um, stieg ein und fuhr, wie er vermutete, nach Hause. Er war wie vom Donner gerührt, völlig verblüfft und unfähig sich zu bewegen.

Er hatte mit ihr Schluss gemacht, aus den ganz vernünftigen Gründen, die er ihr sanft erklärt hatte: Eine Fernbeziehung hatte doch von Anfang an sehr schlechte Erfolgschancen. Sie hatten doch beide ein eigenes Leben in verschiedenen, weit voneinander gelegenen Orten. Nur der Zufall hatte sie sich über den Weg laufen lassen. Keine gemeinsamen Freunde, keine gemeinsame Geschichte, keine gemeinsame Zukunft. Er war ehrlich verliebt. Sie war eine ganz besondere Frau. Aber deswegen zwei Welten durcheinander bringen? Was, wenn es nur ein Strohfeuer war und nicht von ewiger Dauer? Er fand, es sei besser, sie trennten sich, bevor es zu intensiv wurde und richtig weh täte.
Es wäre doch das Beste jeder schaute sich in seiner Umgebung nach jemand Neuen um. Das wäre doch dann alles nicht so kompliziert.
Sie hatte seinen Ausführungen aufmerksam zugehört und ihn erstaunlicher Weise nicht ein einziges Mal unterbrochen. Am Ende hatte sie ihn lange gemustert und tief in die Augen gesehen. Er hatte mit allem gerechnet, etwa damit, dass sie zusammenbrechen und weinen würde. Oder dass er selbst weinen würde. Dass sie ihn einen Dreckskerl schimpfen würde, der sie nur verarscht hätte. Dass sie ihm eine Liebeserklärung mit erstickter Stimme machen würde und ihn mit tränenreichen Küssen davon zu überzeugen versuchen würde, es sich anders zu überlegen. Oder dass sie ihn wütend wegschupsen würde. Diese Szenarien waren ihm durch den Kopf gegangen und er hatte sich im

Geiste dagegen gewappnet. Bloß nicht einknicken, nicht klein bei geben. Nur mit dieser Ansprache hatte er nicht gerechnet. Sie sprach ihre Worte klar und deutlich und mit ernster und fester Stimme aus. Keine Spur von Hysterie oder Zusammenbruch. Nicht einverstanden? Sie hatte ihn weder beschimpft, noch war sie auf ihn losgegangen. Auch hatte sie nicht von Liebe oder Enttäuschung geredet. Sie hatte ihn nicht theatralisch umarmt, geküsst, und als sie ging, hatte sie keine Tränen in den Augen. Sie war damit nicht einverstanden? Was sollte das denn bedeuten? Na, jedenfalls war ihm sowas noch nie passiert. Nicht einverstanden? Schluss zu machen war doch kein Angebot, das man gegebenenfalls ausschlagen konnte! Oder doch?